NATIONAL GEOGRAPHIC KiDS

Bizarre mais vrai!

300 faits renversants

Catalogage avant publication de Bibliothèque et Archives Canada

Weird but true! Français
Bizarre mais vrai! / traduction de Groupe Syntagme.
Traduction de : Weird but true!
Comprend un index.
ISBN 978-1-4431-3805-5 (couverture souple)
1. Curiosités et merveilles--Ouvrages pour la jeunesse.   I. Titre.
AG243.W4514 2014   j001.9   C2014-901488-0

Édition publiée par les Éditions Scholastic, 604, rue King Ouest, Toronto
(Ontario) M5V 1E1 avec la permission de National Geographic Society.

5 4 3 2 1   Imprimé en Chine 38   14 15 16 17 18

MIXTE
Papier issu de
sources responsables
FSC
www.fsc.org   FSC® C101537

Le guépard peut changer de direction en plein milieu d'un bond lorsqu'il poursuit une proie.

5

UN MOUTON, UN CANARD ET UN COQ ONT ÉTÉ LES PREMIERS À S'ENVOLER À BORD D'UNE MONTGOLFIÈRE.

BÈÈÈ

COCORICO

COIN-COIN

Le nom du site google.com vient du nombre qu'on

1000000000000000
0000000000000000
0000000000000000

Tia, un **mastiff napolitain** femelle, a eu une portée de **24** chiots.

Les filles ont plus de papilles gustatives que les garçons.

appelle le gogol : le chiffre 1 suivi de 100 zéros.

000000000000000000000
000000000000000000000
000000000000000000000

Le plus grand bonhomme de neige connu était plus haut qu'un édifice de 12 étages.

8

CERTAINES ABEILLES REINES FONT COIN-COIN.

Une **chauve-souris** mangerait jusqu'à **3 000 insectes** en une seule nuit.

Le retard le plus spectaculaire pour un livre de bibliothèque : 288 ans.

Le plus grand **yo-yo** du monde mesurait plus de 3 mètres (10 pieds) de hauteur et pesait plus de 400 kilos (900 lb) — autant qu'un **ours polaire.** Et il fonctionnait!

Les créateurs de *La Guerre des étoiles* voulaient que Yoda ressemble à Albert Einstein.

AU JAPON, ON TROUVE DES MELONS D'EAU EN FORME DE PYRAMIDE.

Le nom de lieu le plus long du monde compte

Krunghtep
Ratanakosin
Mahadilokpop
Udomratchanivet
Avatarnsathit
C'est le nom officiel

167 lettres

Mahanakhon Bovorn
Mahintharayutthaya
Noparatratchathani Burirom
Mahasathan Amornpiman
Sakkathattiyavisnukarmprasit.
de **Bangkok (Thaïlande)**.

Il a fallu **dix millions** de briques pour construire **l'Empire State Building,** à New York.

On a déjà construit un **cercueil** en forme de **homard.**

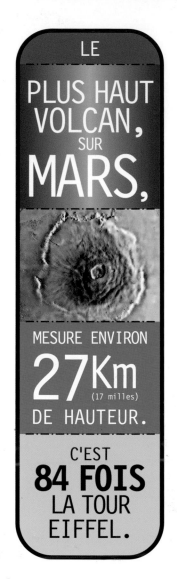

LE **PLUS HAUT VOLCAN,** SUR **MARS,** MESURE ENVIRON **27Km** (17 milles) DE HAUTEUR. C'EST **84 FOIS** LA TOUR EIFFEL.

ON PEUT
TRANSFORMER DU
BEURRE
D'ARACHIDE
EN
DIAMANT.

Si tu pouvais voyager à la vitesse de la lumière, tu ne vieillirais jamais.

LA MOUSSE DE NOMBRIL

EST FAITE DE FIBRES DE TISSU, DE POILS ET DE CELLULES DE PEAU MORTE.

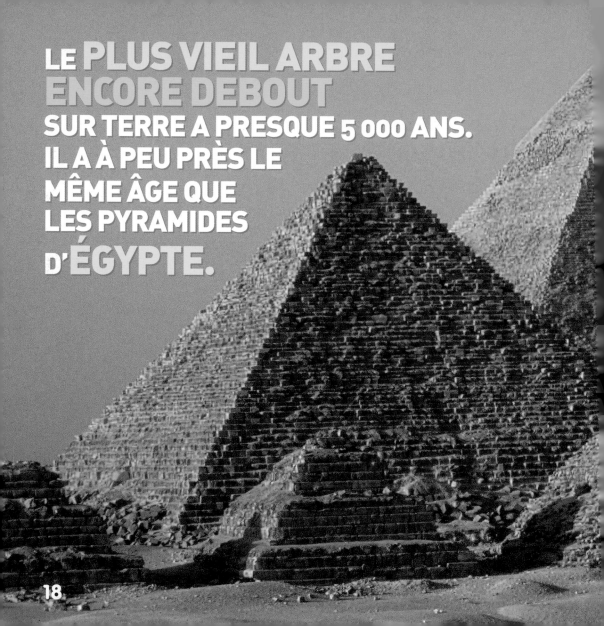

LE **PLUS VIEIL ARBRE ENCORE DEBOUT** SUR TERRE A PRESQUE 5 000 ANS. IL A À PEU PRÈS LE MÊME ÂGE QUE LES PYRAMIDES D'ÉGYPTE.

18

Une femme

a parcouru environ
16 700 km,

(10 350 mi)

de Londres, en Angleterre,
à Melbourne, en Australie,
pour faire la livraison d'une

pizza.

Un **ONGLE** prend six mois pour pousser de la base jusqu'au bout.

C'EST UNE **FILLETTE** DE 11 ANS QUI **A BAPTISÉ** LA PLANÈTE NAINE **PLUTON.**

LES MESSAGES ENVOYÉS PAR TON CERVEAU PEUVENT CIRCULER DANS TES NERFS JUSQU'À **322 km/h.**
(200 mi/h)

QUAND ON ÉTERNUE, DES PARTICULES SONT ÉJECTÉES DU NEZ À

160 KM/H.

(100 mi/h)

UN HOMME A NOUÉ

39

QUEUES DE **CERISE** AVEC SA LANGUE

EN **3** MINUTES.

La plus **GRANDE FLEUR** du monde pousse dans la forêt tropicale d'Indonésie : sa taille peut dépasser celle d'un **pneu d'automobile.**

EN CE MOMENT-MÊME,
IL Y A ENVIRON
1 MILLIARD
DE BACTÉRIES
DANS TA BOUCHE.

Les coquerelles
peuvent survivre
sous l'eau jusqu'à
15 minutes.

ON PEUT FAIRE
TENIR ENVIRON
DIX
MILLE
CELLULES DE
TON CORPS SUR
LA TÊTE D'UNE
ÉPINGLE.

Les limaces ont 3 000 dents

et 4 nez.

27

Une mèche de cheveux d'Elvis Presley s'est vendue 115 120 $.

CERTAINS VÉHICULES UTILISENT COMME CARBURANT DE L'HUILE DE FRITURE USAGÉE.

CERTAINES SAUCISSES À HOT-DOG

SONT RESTÉES INTACTES PLUS DE 20 ANS

DANS UN DÉPOTOIR.

La **mouffette** tachetée orientale se met en équilibre sur ses pattes avant pour **arroser.**

LA LUMIÈRE LA PLUS BRILLANTE SE TROUVE SUR UN HÔTEL À LAS VEGAS, AUX ÉTATS-UNIS; ELLE EST VISIBLE D'UN AVION À 400 KM DE LÀ.

(250 mi)

Le **Soleil** est environ un million de fois plus grand que la **Terre.**

Le premier aliment qu'un astronaute américain a consommé dans l'espace était de la **COMPOTE DE POMMES.**

La phasmophobie est la peur des fantômes.

Le

cœur

d'un rorqual bleu pèse plus de 900 kg.

(2 000 lb)

31

La neige comprend environ 90 % d'air.

LE MIEL
SE CONSERVE
INDÉFINIMENT.

CERTAINS POISSONS PEUVENT MARCHER SUR LA TERRE FERME.

Dans le Maine, aux États-Unis, il y a un **orignal en chocolat** nommé **Lenny,** qui pèse **771 kg.**
(1 700 lb)

Au **Japon** les plongeurs peuvent utiliser une boîte à lettres située à **10 m** (33 pi) sous l'eau pour envoyer des cartes postales.

La **PLUS GROSSE** tarte à la citrouille **PESAIT 916 kg.**
(2 020 lb)

Les alligators peuvent vivre jusqu'à 80 ans.

Un gros python peut avaler

Les chauves-souris sont les seuls mammifères qui peuvent voler.

CERTAINS ESCARGOTS PEUVENT DORMIR PENDANT TROIS ANS.

une chèvre entière.

CERTAINES GRENOUILLES PEUVENT PLANER SUR 15 M (50 pi) DANS LES AIRS.

Un chameau commence à **suer** lorsque la température de son corps atteint **41 °C.** (106 °F)

Autrefois, les écrivains utilisaient de **la mie de pain** en guise de **gomme à effacer.**

À Hawaii , il y a une CHUTE D'EAU où parfois l'eau monte plutôt que de tomber.

Les **Chats** utilisent un vocabulaire d'au moins 16 « mots de chat ».

41

Un beefalo est un croisement entre un bison et une vache.

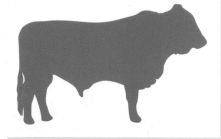

Un homme a **fabriqué une statue** de lui-même en utilisant **ses cheveux, ses dents et ses ongles.**

SI LES SAUTERELLES ÉTAIENT AUSSI GRANDES QUE LES HUMAINS,

ELLES POURRAIENT BONDIR D'UN BOUT À L'AUTRE D'UN TERRAIN DE BASKETBALL.

UN VOLCAN EN ÉRUPTION PEUT LANCER DES ÉCLAIRS.

LES CHEVAUX COURENT SUR LEURS orteils.

Les libellules voient dans **toutes** les directions en même temps.

Il y a

29

nuances
de rouge dans
la gamme de
crayons
de cire
Crayola.

rouge brique

magenta

rouge

violet-rouge

rouge-violet

fraise sauv

UN REQUIN PEUT ENTENDRE **BATTRE LE CŒUR DU POISSON** QU'IL S'APPRÊTE À ATTAQUER.

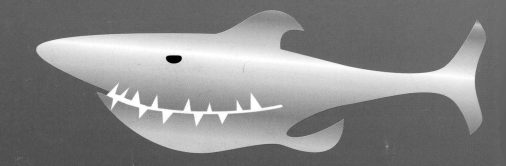

Des morceaux de météorite sont parfois vendus sur eBay.

48

SOUS L'EAU,
LES DAUPHINS PEUVENT
ENTENDRE
DES SONS
PRODUITS À 24 Km (15 mi)
DE DISTANCE.

49

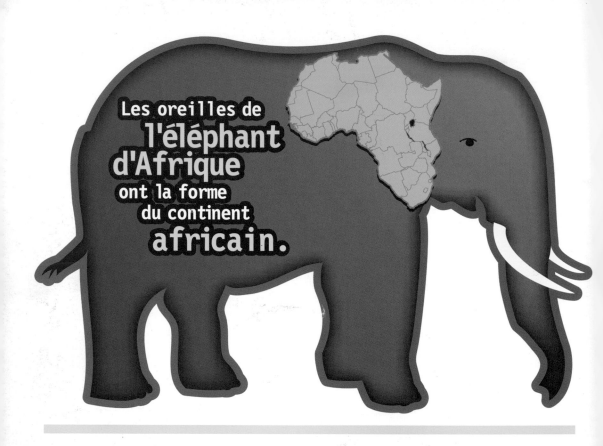

Les oreilles de **l'éléphant d'Afrique** ont la forme du continent **africain.**

Les porcs-épics flottent.

Un bâillement dure en moyenne six secondes.

Les empreintes digitales des koalas ressemblent à celles des humains.

Les faces opposées d'un dé donnent toujours un total de 7.

À NEW YORK, IL EST INTERDIT DE VENDRE UNE MAISON HANTÉE SANS AVERTIR L'ACHETEUR.

Certains éléphants de mer font des plongées plus profondes que la plupart des sous-marins.

Il fait si froid en **Sibérie** que parfois le souffle d'une personne gèle en sortant de sa bouche.

UN SITE WEB BRITANNIQUE VEND DES TERRAINS SUR MARS...

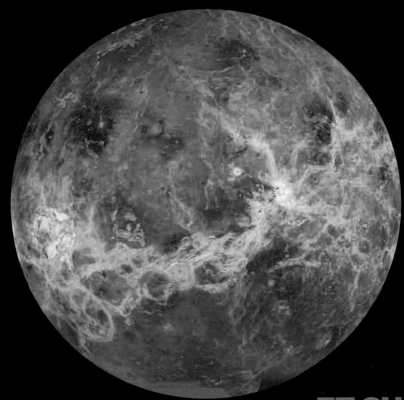

ET SUR
VÉNUS
**POUR 16,75 £
(ENVIRON 30 $) L'ACRE.**

Une autruche mâle peut **rugir** comme un **LION.**

La sueur de l'hippopotame est **rouge.**

Chez certaines sortes de salamandres, la queue, les pattes ou même des parties de l'œil peuvent repousser.

Le tigre a la peau

comme sa fourrure.

UN
ZÉBRÂNE
EST UN
CROISEMENT
ENTRE UNE
ÂNESSE
ET UN
ZÈBRE.

Avant, on écrivait
abracadabra
en formant un triangle pour
éloigner les mauvais esprits.

ABRACADABRA
ABRACADABR
ABRACADAB
ABRACADA
ABRACAD
ABRACA
ABRAC
ABRA
ABR
AB
A

Un **Slinky** peut être **étiré** d'une fenêtre du sixième étage jusqu'au sol.

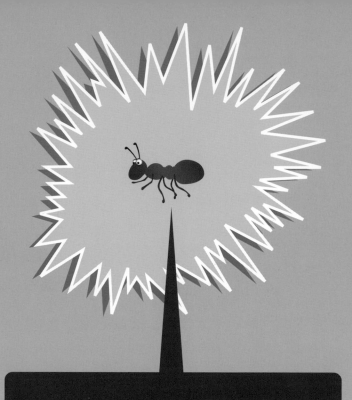

CERTAINES FOURMIS SE FONT EXPLOSER LORSQU'ON LES ATTAQUE.

Les caméléons peuvent changer de couleur en 20 secondes.

Il est possible de fabriquer une **pile** avec une **pomme de terre.**

LES MÉDUSES PIQUENT ENCORE MÊME LORSQU'ELLES SONT MORTES.

Ton œil bouge environ 80 fois par seconde.

Les **dents** d'un **homard** se trouvent dans son **estomac.**

UN DAUPHIN PEUT APPRENDRE À SE RECONNAÎTRE DANS UN MIROIR.

LES FEUILLES D'AUTOMNE SONT VISIBLES DE L'ESPACE.

Il y a un **récif de corail** en forme de cœur en Australie.

Au moins **12** roches provenant de **Mars** sont tombées sur la **Terre.**

SI LA TERRE M'ÉTAIT PAS INCLINÉE, IL N'Y AURAIT PAS DE SAISONS.

NOTRE PLANÈTE COMPREND LA MÊME QUANTITÉ **D'EAU AUJOURD'HUI** QU'IL Y A **100 MILLIONS D'ANNÉES.**

Un hamster parcourt jusqu'à 13 km (8 mi) par nuit, dans sa roue.

PLUS DE

60 000 PERSONNES

SURVOLENT

LES

ÉTATS-UNIS

EN AVION EN CE MOMENT MÊME.

New York

s'éloigne de

Londres

d'environ 2,5 cm (1 po) chaque année.

Au large, un **tsunami** se déplace parfois aussi vite qu'un avion à réaction.

Un alpiniste a transporté la **torche olympique** jusqu'au sommet du **mont Everest.**

73

Les hib**O**ux b**O**uger ne peuvent pas les yeux.

SENS UNIQUE →

74

De la Terre on voit toujours la même face de la Lune.

LES PLUS GROS NIDS DES AIGLES À TÊTE BLANCHE PÈSENT ENVIRON 1 800 KG.
(4 000 lb)

Les kangourous ne peuvent pas sauter à reculons.

Certaines personnes ont la

chair de poule

sur le visage.

Certains **colibris** pèsent moins qu'une pièce **d'un cent.**

Les tornades ne tournent pas dans la même direction selon l'hémisphère dans lequel elles se produisent.

Il faudrait pédaler trois ans sans interruption pour se rendre sur la Lune.

Ce que la **pieuvre géante** mange **traverse son cerveau pour se rendre à son estomac.**

Les palourdes peuvent vivre plus de 100 ans.

VIEILLE, MOI?

Le bout de l'aiguille des minutes de l'horloge **Big Ben, à Londres,** parcourt environ **190 km** (118 mi) par année.

Au cours de sa vie,
un Américain moyen
parcourt en
automobile environ
1 000 000 km
(627 000 mi), **soit 25 fois le
tour du monde;
sa consommation
d'essence équivaut
alors au contenu
de trois pétroliers.**

Une avalanche peut
atteindre une vitesse de
129. KM/H
(80 mi/h)

Dans une
église, en
**République
tchèque,**
il y a
**un lustre
fait d'os
humains.**

97 %
de l'eau présente sur Terre est **salée.**

On retrouve parfois de la poussière d'Afrique en Floride.

Les humains reconnaissent environ

10 000
odeurs.

LES PAPILLONS
goûtent la nourriture
avec leurs pattes.

UNE BALLE
DE BASEBALL
VA PLUS LOIN
QUAND IL FAIT
CHAUD
QUE QUAND
IL FAIT
FROID.

Les serpents ne peuvent pas ramper sur du verre.

UN PROPRIÉTAIRE DE RESTAURANT A PRÉPARÉ UN LAIT FRAPPÉ DE PRÈS DE **23 000 LITRES** (6 000 GALLONS), L'ÉQUIVALENT DE PLUS DE **100 BAIGNOIRES.**

L'HIPPOPOTAME
peut être
plus
dangereux
que
LE LION.

Le plus rapide des **faucons** va plus vite qu'une **voiture de course.**

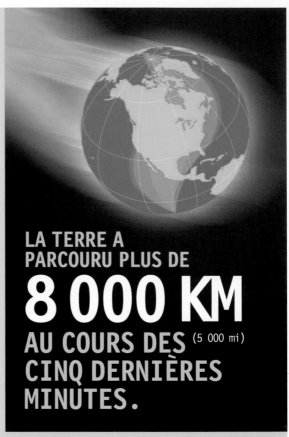

LA TERRE A PARCOURU PLUS DE **8 000 KM** (5 000 mi) AU COURS DES CINQ DERNIÈRES MINUTES.

Les enfants clignent des yeux à peu près cinq millions de fois par année.

En Turquie, des pâtissiers ont fabriqué un gâteau de 2 710 m de longueur, soit l'équivalent d'environ 114 terrains de tennis! (8 891 pi)

Les **montagnes de l'Himalaya** grandissent de 1,3 cm par année. (1/2 po)

IL FAUDRAIT ENVIRON **33 MILLIONS DE PERSONNES** SE TENANT PAR LA MAIN POUR FORMER UN CERCLE AUTOUR DE L'ÉQUATEUR.

Une fourmi peut transporter **50 FOIS** son propre poids.

(C'est comme si un enfant transportait une automobile!)

En Égypte ancienne, on retirait **le cerveau** des cadavres par le **nez** pour en faire des **momies.**

EN MOYENNE, UN BILLET DE **100 $** RESTE EN CIRCULATION PENDANT **9** ANS.

ON A RETROUVÉ DANS DES RUINES, EN CHINE, DES NOUILLES VIEILLES DE 4 000 ANS.

UNE TABLETTE DE CHOCOLAT CENTENAIRE S'EST VENDUE PRÈS DE 700 $.

L'ARTICLE
LE PLUS CHER
VENDU SUR eBay
ÉTAIT UN YACHT DE
168 MILLIONS DE DOLLARS.

VÉNUS
tourne dans le
sens contraire
des autres
planètes.

SI TU CHAUFFES UN DIAMANT À **763 °C,** (1 405 °F) IL SE TRANSFORME EN VAPEUR.

LES GENS
SIGNALENT
PLUS
D'OVNIS
LORSQUE VÉNUS
SE RAPPROCHE
DE LA TERRE.

L'Australie était autrefois une colonie pénitentiaire britannique.

Le papillon **de nuit** asiatique **se nourrit** parfois du **sang** des animaux.

Un New Yorkais a parcouru près de 20 km (12 mi) en faisant une série de saltos.

94

Une personne a eu **"le hoquet"** pendant **68** ans.

Une montre avance plus vite au sommet d'une montagne qu'au niveau de la mer.

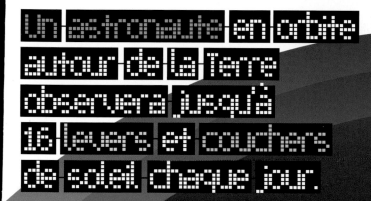

Un astronaute en orbite autour de la Terre observera jusqu'à 16 levers et couchers de soleil chaque jour.

Chez beaucoup
d'oiseaux,
le plumage
est plus lourd que
le squelette.

97

Les chenilles

ont plus de muscles que les humains.

On peut faire cuire un œuf sur un trottoir

EN ISLANDE, IL N'Y A PAS QUE DES TREMBLEMENTS DE TERRE, IL Y A AUSSI DES TREMBLEMENTS DE GLACE.

lorsque sa température atteint 70 °C. (158 °F)

En mâchant de la gomme, on brûle environ 11 calories par heure.

TES YEUX TRAITENT PLUS DE 120 MILLIONS D'ÉLÉMENTS D'INFORMATION PAR SECONDE.

L'eau FROIDE est plus lourde que **l'eau CHAUDE**

Une puce fait des sauts de 100 fois sa hauteur; c'est comme si tu sautais jusqu'en haut d'un édifice de 34 étages!

Les **TAUREAUX** ne sont pas vraiment **EXCITÉS** par la couleur rouge; ils voient en **NOIR ET BLANC.**

Personne
ne sait vraiment
de quelle
couleur
étaient les
dinosaures.

LES JOURS SONT PLUS LONGS QUE LES ANNÉES SUR LA PLANÈTE MERCURE.

LES PREMIÈRES CANNES DE BONBON N'ÉTAIENT PAS RAYÉES.

L'urine des chats **brille** sous les ultraviolets.

CERTAINS POISSONS FEMELLES DEVIENNENT DES MÂLES.

Une tortue marine
peut peser autant qu'un
buffle d'Inde.

Aux États-Unis,
on compte plus de
FLAMANTS ROSES

DE PLASTIQUE
que de
vrais
flamants roses.

LE TIERS DE LA CAPACITÉ DU CERVEAU EST UTILISÉ POUR **LA VUE.**

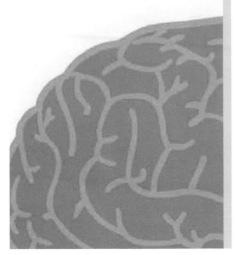

LES PARACHUTES ONT ÉTÉ INVENTÉS AVANT **LES AVIONS.**

La décharge d'une anguille électrique est assez puissante pour

paralyser un cheval.

des araignées est

CERTAINS RATS PEUVENT SURVIVRE SANS EAU PLUS LONGTEMPS QUE LES CHAMEAUX.

AUJOURD'HUI, LA

CHINE

COMPTE PLUS

D'HABITANTS

QU'IL N'Y EN AVAIT SUR LA

TERRE

IL Y A

150 ANS.

Les anciens Égyptiens croyaient que l'âme d'une personne se trouvait dans son cœur.

Les médailles d'or olympiques sont en fait composées de plus de 90 % d'argent.

Le glaçage qui recouvrait la plus grosse **maison en pain d'épices du monde** (4 750 lb) pesait **2 155 kg**; c'est plus lourd qu'une **girafe.**

Y A-T-IL UN RECORD DE LA PLUS JOLIE MAISON?

LES EMPREINTES DE PAS DES ASTRONAUTES NE DISPARAÎTRONT JAMAIS DE LA SURFACE DE LA **LUNE;** IL N'Y A PAS DE **VENT** POUR LES EFFACER.

En Nouvelle-Zélande, IL Y A PLUS DE **moutons** QUE **d'humains.**

LES TORTUES géantes GRANDISSENT TOUTE LEUR VIE.

ON COMPTE PLUS DE 10 MILLIONS DE **MILLIONNAIRES** DANS LE MONDE.

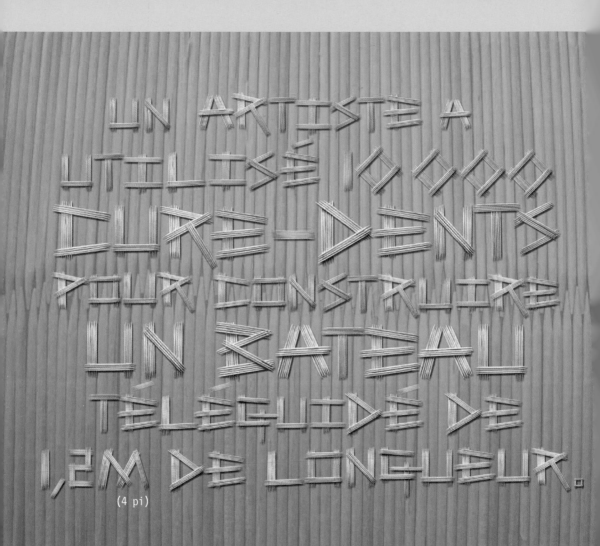

UN ARTISTE A UTILISÉ 100 000 CURE-DENTS POUR CONSTRUIRE UN BATEAU TÉLÉGUIDÉ DE 1,2M DE LONGUEUR.

(4 pi)

LES VERS DE TERRE ONT

5

COEURS.

Quand une coccinelle a peur, ses genoux projettent un liquide malodorant.

EN *COURANT* SOUS LA PLUIE, ON SE MOUILLE À PEU PRÈS DEUX FOIS PLUS QU'EN RESTANT IMMOBILE.

IL EXISTE DES ENDROITS OÙ, DANS 2,5 KM² (1 mi²) ON TROUVE AUTANT D'INSECTES QU'IL Y A D'ÊTRES HUMAINS SUR TOUTE LA PLANÈTE.

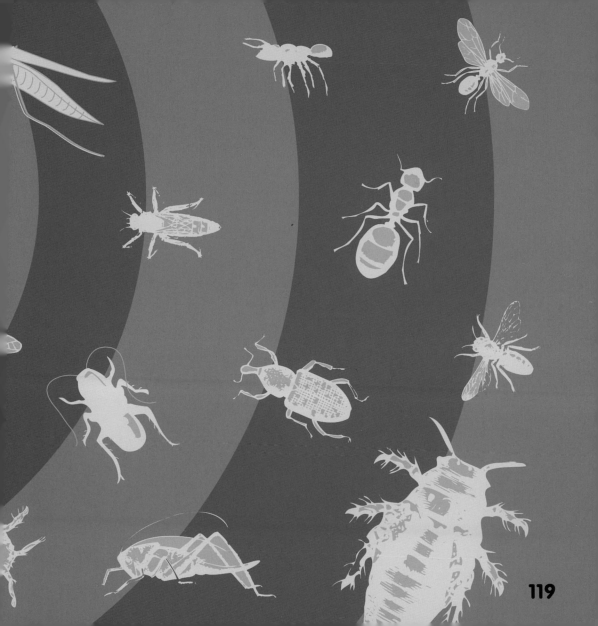

119

ON PEUT ENTRAÎNER LES ABEILLES À DÉTECTER LES EXPLOSIFS.

IL Y A PLUS D'ÉTOILES DANS L'UNIVERS QUE DE GRAINS DE SABLE SUR LA TERRE.

Les feux de circulation ont été inventés

AVANT

LES AUTOMOBILES.

120

LA PLUS LONGUE PARTIE DE MONOPOLY JOUÉE DANS UNE BAIGNOIRE A DURÉ

99 HEURES.

Le rorqual **bleu** EST LE **plus gros** animal AYANT VÉCU SUR Terre. MÊME LES **dinosaures** ÉTAIENT PLUS PETITS!

CLÉOPÂTRE N'ÉTAIT QU'UNE ADOLESCENTE LORSQU'ELLE EST DEVENUE REINE D'ÉGYPTE.

On peut faire du papier avec des crottes de panda.

IL FAUDRAIT ENVIRON **100 MILLIARDS** D'ANNÉES À UN **GROS-PORTEUR** POUR TRAVERSER LA VOIE LACTÉE.

Les plus gros **dinosaures** étaient **végétariens**.

Un
**poisson
rouge**
vivant en
Angleterre
a atteint
l'âge de

43 ans.

DE
LA PLUIE
ROUGE EST
DÉJÀ
TOMBÉE EN
EUROPE ET
EN ASIE.

Les lions et
les tigres
réagissent eux aussi à l'herbe à chat.

UN OURAGAN SE DÉCHAÎNE DEPUIS 300 ANS SUR JUPITER!

L'OIGNON LE PLUS LOURD DU MONDE PESAIT PLUS QUE LA TÊTE D'UN HOMME.

Selon les Péruviens, mettre des sous-vêtements jaunes le jour de l'An porte chance.

LA PEAU EST LE PLUS GRAND ORGANE DU CORPS.

LES
ANCIENS
ÉGYPTIENS
DRESSAIENT
DES SINGES
À
DANSER
ET À
JOUER DE LA
MUSIQUE.

Mike est un **poulet** qui a vécu **18 mois** sans **tête,** de 1945 à 1947.

La moto **HARLEY-DAVIDSON** a été conçue pour ressembler à un hamburger géant.

Des chimpanzés, des singes, des chiens, des souris et un cochon d'Inde ont voyagé dans l'espace.

L'une des plus grandes îles artificielles qui existent a la forme d'un palmier.

Un **collier**
pour chien
serti de **diamants**
coûte environ
3 millions de
dollars.

UN HOMME
A ÉTÉ
FRAPPÉ PAR
LA FOUDRE
7
FOIS
ET A
SURVÉCU !

133

QUATRE ASTÉROÏDES PORTENT LE NOM DES MEMBRES DES BEATLES.

JOHN

PAUL

GEORGE

RINGO

Si tu tombais dans un trou noir, tu t'étirerais comme un **spaghetti**.

Les criquets perçoivent les sons avec leurs genoux.

LES TÉLÉPHONES CELLULAIRES FONCTIONNENT SUR LE SOMMET DU MONT EVEREST.

CERTAINS **dindons** sauvages PEUVENT courir À UNE VITESSE DE **40** km/h. (25 mi/h)

DES PÂTISSIERS ONT CRÉÉ UN BISCUIT AUX PÉPITES DE CHOCOLAT QUI PESAIT AUTANT QUE SEPT CAMIONNETTES.

Une COMÈTE est une gigantesque boule de poussière et de glace.

Le
plus petit des
singes
a la
taille d'une
brosse à dents.

UN GRIZZLY COURT AUSSI VITE QU'UN CHEVAL.

Des astronautes ont fait pousser des pommes de terre dans une navette spatiale.

Un homme a descendu à bicyclette les 1 665 marches de la tour Eiffel.

Les trous du fromage suisse s'appellent des « yeux ».

UNE

ENTREPRISE CANADIENNE EMBOUTEILLE DE L'EAU

PROVENANT

D'ICEBERGS VIEUX DE

12 000 À 15 000 ANS

À OSAKA, AU JAPON, IL Y A UNE AUTOROUTE QUI TRAVERSE UN IMMEUBLE DE BUREAUX.

C'EST AU ROYAUME-UNI QUE SE TROUVE LA MAISON DANS LES ARBRES LA PLUS COÛTEUSE DU MONDE :

SA CONSTRUCTION A COÛTÉ 3 700 000 £.

(environ 6 100 000 $)

UN GRAND REQUIN BLANC PEUT PESER AUTANT QUE 15 GORILLES.

LA
PLUS PETITE
GRENOUILLE
DU MONDE

A LA TAILLE
D'UNE CÉRÉALE

CHEERIOS.

Quelqu'un a déjà payé plus de **4 000 $** pour une pizza recouverte d'or 24 carats.

Tous les termites du monde mis ensemble **pèsent plus lourd** que tous les humains de la Terre.

Le fémur, l'os de notre cuisse, est plus solide que du béton.

LA VITESSE DE
ROTATION DE LA PLANÈTE TERRE

DIMINUE DE
1,5 MILLISECONDE
PAR SIÈCLE.

Plus il fait **FROID,** plus les flocons de neige sont **PETITS.**

CERTAINES
MÉDUSES
ONT LA
TAILLE
D'UN
DÉ À COUDRE
ET D'AUTRES
SONT AUSSI
GROSSES
QUE
DEUX
MACHINES
À LAVER.

UNE PILE DE UN MILLIARD
DE BILLETS DE BANQUE
PÈSE PLUS QUE
15 CHARS D'ASSAUT.

Un kangourou nouveau-né a environ la taille d'un trombone.

Les fourmiliers géants avalent

LE BÉBÉ DE LA GRUE S'APPELLE LE GRUAU.

Les arachides ne sont pas des noix.

LE
PREMIER
RÉPONDEUR
TÉLÉPHONIQUE
MESURAIT
PRÈS DE

1

MÈTRE DE HAUTEUR.
(3 PIEDS)

jusqu'à 30 000 insectes en une seule journée.

151

LE PLUS GRAND PALAIS HABITÉ DU MONDE

(AU BRUNEI, PAYS DU SUD-EST ASIATIQUE)

COMPTE

1 788

CHAMBRES.

UN NUAGE PEUT PESER PLUS DE 450 TONNES.

(1 000 000 lb)

La forêt amazonienne abrite un énorme **rongeur, le capybara,** qui est presque aussi gros qu'un **berger allemand.**

Le chihuahua est le chien de race le plus petit du monde.

La plupart des experts croient que les **dinosaures** sont les ancêtres des **oiseaux**.

AUTREFOIS, LES GUIMAUVES ÉTAIENT FAITES À PARTIR DE LA RACINE D'UNE PLANTE QUI S'APPELLE... LA GUIMAUVE.

20 % des aliments que nous **mangeons** servent à **nourrir LE CERVEAU**.

CHAQUE JOUR EST PLUS LONG D'ENVIRON 55 MILLIARDIÈMES DE SECONDE QUE LE JOUR PRÉCÉDENT.

La peau de la grenouille **appelée dendrobate doré** contient assez de substances toxiques pour tuer **100 personnes.**

Les gorilles rotent quand ils sont contents.

LES COLIBRIS sont les seuls oiseaux capables de voler À RECULONS.

ENVIRON LE QUART des os de notre corps se trouve dans nos pieds, c'est-à-dire **52 os sur plus de 200!**

LA COMBINAISON SPATIALE D'UN ASTRONAUTE PÈSE 127 KG. (280 lb)

Quand ils sont contents, les éléphants font entendre **un genre de ronronnement.**

Les bébés
des serpents à sonnette n'ont pas de
SONNETTE.

La
Voie
lactée
compte
quelque
100
milliards
d'étoiles.

LES
DUNES
PEUVENT
PARFOIS
ABOYER.

Pour
parler,
tu utilises **72** muscles.

163

Mis bout à bout, tes vaisseaux sanguins s'étendent sur environ

97 000 km.

(environ 60 000 mi)

Les fraises contiennent plus de **VITAMINE C** que les oranges.

Il y avait des **palmiers** au **pôle Nord** il y a environ 55 millions d'années.

IL FAUDRAIT À UN

ESCARGOT

ENVIRON

138 HEURES

POUR PARCOURIR

1 KM <small>(0,6 mi)</small>

SANS S'ARRÊTER.

Le
Basenji,
un chien originaire
d'Afrique,
fait des
vocalises
plutôt que de
japper.

SUR
NEPTUNE,
LE VENT PEUT
ATTEINDRE
2 000 KM/H.
(1 243 mi/h)

« BONNE FÊTE » A ÉTÉ LA PREMIÈRE CHANSON TRANSMISE DE L'ESPACE À LA PLANÈTE TERRE.

LA PLUS LONGUE
chaîne de montagnes
se trouve au fond de
la mer.

La **peau** d'un adulte de taille moyenne **pèse** environ **5** kg. (11 lb)

SI TU MANGES TROP DE CAROTTES, TA PEAU PRENDRA UNE TEINTE ORANGÉE.

LE CROCODILE NE PEUT PAS TIRER LA LANGUE.

LE NOMBRE DE
stridulations par seconde
de certains criquets permet d'estimer
la température.

On perd à peu près

4 KG (9 lb)

Quand on rêve, on ne bouge pas.

de cellules de peau chaque année.

L'ARACHIBUTYROPHOBIE :
C'EST LA
PEUR
D'AVOIR DU
BEURRE
D'ARACHIDE
COLLÉ AU PALAIS.

La
"Mona Lisa"
de
Léonard de Vinci
n'a pas
de
sourcils.

On mesure à peu près **1 cm** (1/2 po) de plus le matin que le soir.

Les astronautes ne peuvent pas siffler SUR LA LUNE.

La vallée de la Mort, en Californie, EST L'ENDROIT le plus chaud d'Amérique du Nord.

L'oreille humaine a évolué à partir des **BRANCHIES DES POISSONS.**

C'EST BIZARRE!

LE PLUS LONG
VOL D'UN

TOUT LE SANG QUE TON CORPS CONTIENT PASSE PAR TON **CŒUR** UNE FOIS PAR MINUTE.

RESPIRER ET AVALER EN MÊME TEMPS, C'EST IMPOSSIBLE.

POULET
A DURÉ 13 SECONDES.

LA PLUS VIEILLE EMPREINTE DE PIED HUMAIN DATE DE 350 000 ANS.

UNE PERSONNE QUI PESE 45 KG SUR TERRE (100 lb) PESERAIT 17 KG SUR MARS. (38 lb)

Les cheveux
poussent plus rapidement lorsqu'il fait chaud.

LA NAGEOIRE DORSALE DE L'ORQUE MÂLE MESURE ENVIRON 1,8 M (6 pi) DE HAUTEUR, COMME UN HOMME DE GRANDE TAILLE.

LE **TUATARA**, UN REPTILE QUI RESSEMBLE À UN LÉZARD, A UN **3E ŒIL** SUR LE DESSUS DE **LA TÊTE.**

La prochaine fois que la lune sera pleine le soir de l'Halloween, CE SERA EN 2020.

LA CHAUVE-SOURIS FANTÔME
est l'une des chauves-souris qui ont la

FOURRURE

BLANCHE.

Les requins ont huit sens.

UN coyote peut entendre une souris qui se déplace SOUS 30 cm de neige.

Les humains n'en ont que cinq.

Le corps humain contient suffisamment de fer pour fabriquer un clou de 5 cm.

(2 po)

LES CROCODILES EXISTENT DEPUIS ENVIRON 200 MILLIONS D'ANNÉES.

LE LION DES MONTAGNES SAIT SIFFLER.

LA TOUR PENCHÉE DE PISE A COMMENCÉ À S'INCLINER AVANT MÊME D'ÊTRE ACHEVÉE.

Personne ne peut **couler** dans la **mer** Morte.

Ton **cœur** a la taille de ton **poing.**

ON A DONNÉ À UN DINOSAURE CORNU LE NOM DE DRACOREX HOGWARTSIA PARCE QUE, EN ANGLAIS, L'ÉCOLE DE HARRY POTTER S'APPELLE HOGWARTS

IL Y A PLUS D'EAU DANS L'OCÉAN PACIFIQUE QUE DANS TOUTES LES MERS ET TOUS LES OCÉANS DE LA TERRE RÉUNIS.

99%

des gens sont incapables de lécher leur coude.

C'EST VRAIMENT BIZARRE.

(Mais 90 % des personnes qui lisent cette statistique vont essayer de le faire!)

LE FURETEUR

Les illustrations sont indiquées en **caractères gras**.

LE FURETEUR

LE FURETEUR

National Geographic Society est l'une des organisations scientifiques et éducatives à but non lucratif les plus importantes au monde. Fondée en 1888 pour « accroître et diffuser les connaissances géographiques », sa mission est d'inciter le public à se préoccuper de la planète. National Geographic informe plus de 325 millions de personnes dans le monde par de multiples moyens : le magazine mensuel de la société, *National Geographic*, et d'autres magazines, la chaîne National Geographic Channel, des documentaires pour la télévision, de la musique, des émissions de radio, des films, des livres, des DVD, des cartes, des expositions, des publications scolaires, des produits multimédias et des marchandises. National Geographic a financé plus de 9 000 projets de recherche scientifique, de préservation et d'exploration, et elle soutient un programme éducatif visant à combattre le manque de connaissances en géographie. Pour plus de renseignements, veuillez vous rendre à nationalgeographic.com.

Publié par National Geographic Society

John M. Fahey, Jr., président et directeur général
Gilbert M. Grosvenor, président du conseil d'administration
Tim T. Kelly, président, Global Media Group
John Q. Griffin, président, édition
Nina D. Hoffman, première vice-présidente, présidente du groupe d'édition des livres
Melina Gerosa Bellows, première vice-présidente de l'édition pour enfants, rédactrice en chef du magazine *National Geographic Kids*

ILLUSTRATIONS

PHOTOS